AF499889

Ln 27
24754

TRAVAUX SCIENTIFIQUES

DE

M. A.-J.-H. VINCENT

Membre de l'Institut, Académie des Inscriptions et Belles-Lettres,
Ancien professeur de l'Université,
Conservateur honoraire de la Bibliothèque des Sociétés savantes,
Membre honoraire du Comité des Travaux historiques,
Officier de l'ordre impérial de la Légion d'honneur,
Officier de l'Instruction publique,
Officier de l'ordre royal du Sauveur de Grèce,
Membre de la Société impériale des Antiquaires de France,
de la Société philomathique, de la Société archéologique d'Athènes,
de l'Académie archéologique de Madrid,
des Académies d'Arras, d'Amiens et de Metz,
de la Société des Sciences, de l'Agriculture et des Arts de Lille,
du Comité flamand de France, de la Commission historique du Nord,
des Sociétés des Antiquaires de Picardie,
des Antiquaires de la Morinie et de la Société d'Agriculture de la Marne.

PARIS
IMPRIMERIE DE HENRI CARION
64, RUE BONAPARTE, 64

1869

TRAVAUX SCIENTIFIQUES

DE M. VINCENT

I

MATHÉMATIQUES ET PHYSIQUE

1. Considérations nouvelles sur la nature des courbes exponentielles et logarithmiques. (Annales de Mathématiques de Gergonne, 1824.)

2. Cours de Géométrie élémentaire, adopté par l'Université (1), cinq éditions, de 1826 à 1844.

3. Note sur la Cristallographie. (Bulletin de la Société philomathique ; — Annales des Mines, 2e série, tome Ier, 1826.)

4. Réflexions sur la similitude des figures. (Journal *le Lycée*, 1828.)

5. Formules pour la construction des lignes du second ordre. (Mémoires de la Société des Sciences de Lille, année 1831.)

6. Programme d'Arithmétique et d'Introduction à l'algèbre (1832). — Deux éditions.

(1) Traduit en allemand sur la 3e édition, par le Dr C.-H. Schnuse (Quedlimbourg et Leipsick, 1838).
Traduit en espagnol sur la 3e édition par Don Lope Gisbert (Madrid, 1851).

7. Recherches sur l'Analyse des fonctions exponentielles et logarithmiques : Rectification d'une formule d'Euler, 1832. (Suite des Considérations publiées en 1824.)

8. Mémoire sur la Résolution des équations numériques, 1834 et 1835. (Deux éditions : Mémoires de la Société des Sciences de Lille et Journal des Mathématiques de Lionville.)

9. Théorie du Parallélogramme de Watt et de la Courbe à longues inflexions. (Mémoires de la Société des Sciences de Lille, 1837.)

9 *bis*. Supplément. (Nouvelles Annales de Mathématiques, 1848.)

10. Note sur la Composition analytique des forces dans l'espace. (Statique de M. Gerono, 1838.)

11. Note sur la Construction des tables de sinus. (Nouvelles Annales de Mathématiques, 1842.)

12. Note sur les Cycloïdes. (Mémoires de la Société des Sciences de Lille, année 1842.)

13. Abrégé du Cours de Géométrie (avec M. P. Bourdon, inspecteur général des études), 1844.

14. Notice historique sur le Théorème de Pythagore. (Nouvelles Annales de Mathématiques, t. XI, 1852.)

15. Note sur la Mesure de la terre attribuée à Eratosthène (lue à l'Académie des Sciences le 21 février 1853).

16. Diverses communications faites à l'Académie des Sciences sur l'enseignement de la Géométrie élémentaire.

17. Essai sur un point de l'Histoire de la Géométrie chez les Grecs et sur les Principes philosophiques de cette science. — Paris, juin 1857. (Librairie Hachette.)

18. Essai d'explication d'un passage mathématique du *Ménon* de

Platon (suivi d'un Appendice bibliographique, par Ch. Em. R.) — Revue archéologique, XIIIe année, 1856.

19. Note sur les Porismes. (La *Science*, février 1857.)

20. Seconde notice sur la Théorie des Porismes. (La *Science*, avril 1857.)

21. Note sur l'article de M. Th. Henri Martin, relatif à la Théorie des Parallèles. (Journal général de l'instruction publique, 29 août 1857.)

22. Considérations sur les Porismes en général et sur ceux d'Euclide en particulier. (Extrait du Journal des Mathématiques de M. Liouville, janvier 1859.)

23. Diverses notes sur l'emploi des Logarithmes (1), sur les Calculs par approximation, sur la Théorie des Intérêts, sur les Fractions continues, sur les Courbes, etc. (Insérées à diverses époques dans les Traités de MM. Reynaud et Bourdon, dans le *Géomètre* de M. Guillard, dans les nouvelles Annales de MM. Gerono et Terquem, etc.)

(1) Traduit en allemand par L.-F. Ritter (Stuttgart, 1844).

II

MUSIQUE

24. Note sur un Procédé général de modulation (changement de ton) au moyen de trois accords. (Mémoires de la Société des Sciences de Lille, année 1832.)

25. Plusieurs notes sur la Théorie mathématique de la Gamme et sur la Musique des Grecs. (Bulletin de la Société philomathique, journal *l'Institut;* 1838.)

26. Description d'un Instrument propre à reproduire les divers genres de la musique des Grecs (en commun avec M. Bottée de Toulmon). — Journal *l'Institut* 1840.

27. Compte rendu de l'ouvrage de M. Fr. Bellermann, intitulé *Anonymi Scriptio de Musica.* (Revue de Bibliographie analytique de MM. E. Miller et Aubenas, 1841.)

28. De la Musique dans la tragédie grecque à l'occasion de la représentation d'*Antigone.* (Journal de l'instruction publique, 1844.)

29. Dissertation sur le Rhythme chez les Anciens. (Journal de l'instruction publique, 1845.)

30. Sur l'Harmonie chez les Grecs. (Revue archéologique, 1845.)

31. Note sur une Méthode proposée par Ampère pour la décomposition des Fractions en Facteurs; — Application à la Théorie musicale des Grecs. (Nouvelles Annales de Mathématiques, 1846.)

32. Première lettre à M. Rossignol, sur le Vers dochmiaque. (Journal de l'instruction publique, 1846.)

32 *bis*. Seconde lettre, sur le Rhythme, sur la Poésie lyrique et sur le Vers dochmiaque. (Journal de l'instruction publique, 1847.)

33. Notice sur plusieurs manuscrits grecs relatifs à la musique ancienne. (Formant la 2e partie du tome XVI du Recueil intitulé *Notices et extraits des Manuscrits de la Bibliothèque nationale*, publié par l'Académie des Inscriptions et Belles-Lettres; 1847) (1).

34. Analyse du Traité de Métrique et de Rhythmique de saint Augustin, intitulé *De Musica*. (Journal de l'instruction publique, 1849.)

35. Mémoire d'acoustique : Sur la Théorie des battements et l'accord de l'Orgue. (Annales de Chimie et de Physique, 1849.)

36. Essai d'explication de quelques pierres gnostiques [représentant l'Orgue hydraulique]. (Mémoires de la Société des Antiquaires de France, 1849.)

36 *bis*. Addition (1851).

37. Notice sur l'Antiphonaire de saint Grégoire, publiée par le R. P. Lambillotte. (Journal général de l'instruction publique, décembre 1851.)

38. Notice sur l'*Histoire de l'Harmonie au moyen âge* de M. de Coussemaker. (Correspondant, juin et juillet 1853.)

39. Discours sur la Musique des anciens Grecs, prononcé au Congrès scientifique de France (XXe session tenue à Arras, en août 1853.)

40. Communication faite à l'Académie des Beaux-Arts, en mars 1854, sur l'emploi du quart de ton dans la Mélodie et dans l'Harmonie. (Revue et Gazette Musicale, 2 avril 1854.)

(1) Plusieurs des matières comprises dans ce volume ont été traitées à part dans quelques-unes des publications antérieures, mais presque toutes avec des différences notables.

40 *bis*. Autre communication faite le 15 juillet 1854. (Journal général de l'instruction publique, 19 juillet 1854.)

41. Quelques mots sur la Musique et la Poésie ancienne. (Correspondant, septembre et novembre 1854.)

42. Rapport sur la Messe papale (en musique) communiquée par M. Maurice Ardant (lu au Comité de la Langue, etc., section d'archéologie, en avril 1855).

43. Mémoire sur la Notation musicale attribuée à Boëce. — Nouvelles considérations sur la Musique et la Versification latine. (Correspondant, juin 1855.)

44. Notice sur l'emploi du quart de ton dans le chant liturgique constaté sur l'Antiphonaire de Montpellier. (Revue archéologique, XIe année, 1855.)

44 *bis*. Supplément (même Revue, XIIe année, 1856).

45. Mémoire sur la théorie de la Gamme et des Accords (lu à l'Académie des Sciences, novembre et décembre 1855).

46. Article de Pédagogie musicale sur une clef universelle dite *Rond-Clef*. (Revue de Musique ancienne et moderne, janvier 1856.)

47. Sur la Modalité du Chant ecclésiastique. (Revue archéologique, XIVe année, janvier et février 1858.)

48. Rapport sur un Manuscrit musical du XVe siècle, fait au Comité de la Langue, etc. (section d'archéologie), le 20 juillet 1857 (publié en juillet 1858).

49. Explication d'une scène relative à la Musique représentée sur un vase grec du Musée de Berlin (n° 626). (Revue archéologique, t. XVI, novembre 1859.)

50. Réponse à M. Fétis et réfutation de son Mémoire sur l'Harmonie simultanée des sons chez les Grecs et les Romains. (Mémoires de la Société des Sciences de Lille, année 1859).

51. Note sur la Messe grecque qui se chantait autrefois à l'Abbaye royale de Saint-Denis le jour de l'Octave de la fête patronale. (Revue archéologique, avril 1864.)

APPENDICE

52. Quelques morceaux de Musique gravée.

III

ARCHÉOLOGIE. — PHILOLOGIE. — PHILOSOPHIE ANCIENNE

53. Dialogue sur la Loterie (1825) mentionné honorablement par la Société de la Morale chrétienne et inséré dans son Journal.

54. Mémoire et Notes diverses sur l'Origine de nos Chiffres ; — Lettre à M. Libri, etc. (1839). — (Journal de Mathématiques de M. Liouville ; Comptes rendus de l'Académie des Sciences ; Bulletin de la Société philomathique ; Journal *l'Institut.*)

55. Sur le Nombre de Platon ; essai d'explication d'un passage du VIIIe livre de la *République.* (Journal *l'Institut,* 1839.)

56. Note sur la Numération chez les Romains : Restitution et explication d'un passage des Cestes de Jules l'Africain sur les signaux par les feux. (Journal *l'Institut*, 1840.)

57. Rituel de Gémistus Pléthon : Fragment inconnu de son Traité des Lois, signalé dans un Manuscrit de la Bibliothèque nationale. (Journal *l'Institut*, 1842.)

Note de M. Vincent : « Le texte et la traduction de ce fragment sont prêts pour la publication. »

58. Note sur deux passages d'Euclide ; Correction et interprétation proposée pour le texte de ces passages. (Nouvelles Annales de Mathématiques rédigées par MM. Terquem et Gerono, 1844.)

59. Note sur le mot Ψιλός. (Revue de Philologie publiée par M. Léon Renier, t. Ier, 1845.)

60. Des Notations scientifiques à l'École d'Alexandrie. (Revue archéologique, 1846.)

61. Lettre à M. Letronne sur un Abacus athénien. (Revue archéologique, 1846.)

62. Note relative à la nouvelle édition du Commentaire de Proclus sur le *Timée* de Platon; fragments inconnus de ce Commentaire. (Revue de Philologie, tome II, 1847.)

63. Fragment d'une lettre inédite (de l'empereur Julien) (1) signalé dans un manuscrit de la Bibliothèque nationale, et publié dans la Revue de Philologie (tome II, 1847).

64. Éloge historique de Monge, discours prononcé à la distribution des prix du Lycée Monge (Saint-Louis); 1848.

65. Notice sur la Vie et les Travaux de M. A. Bottée de Toulmon. (Annuaire de la Société des Antiquaires de France pour 1851.)

66. Edition annotée d'un Mémoire de M. Letronne sur le Système métrique de Héron d'Alexandrie, ouvrage qui a remporté, en 1816, le prix proposé par l'Académie des Inscriptions et Belles-Lettres.

67. Sur l'Inscription de l'Académie Μηδεὶς ἀγεωμέτρητος εἰσίτω.

68. Lettre à M. Th. Henri Martin au sujet du Mémoire posthume de M. Letronne. (Revue archéologique, XIe année, 1855.)

69. Notice sur le Problème des bœufs attribué à Archimède (Bulletin de Bibliographie, d'Histoire et de Biographie mathématiques, t. Ier.)

70. Note sur le caractère qui représente l'or chez les Égyptiens. (Mémoire de la Société des Antiquaires de France, XXIIe volume, 1855.)

(1) L'attribution de ce fragment à l'empereur Julien appartient à M. Brunet de Presle. — (Note de M. Vincent.)

71. Géométrie pratique des Grecs. — Restitution et traduction du Traité inédit de Héron d'Alexandrie *sur la Dioptre* (t. XIX, 2e partie, des Notices et Extraits des Manuscrits, etc., 1858.)

72. Note sur les Enclitiques, lue à l'Académie des Inscriptions et Belles-Lettres en juillet 1858.

73. Mémoire à consulter sur la proposition de former un *Recueil de Mémoires lus dans les Séances générales de l'Institut.* (Décembre 1858.)

73 *bis*. Extrait du Mémoire précédent.

74. Lettre au Directeur de la Correspondance littéraire sur l'expression *Faire table rase.* (Correspondance littéraire, 25 décembre 1859.)

75. La Balistique chez les Anciens. Résumé de la communication faite à l'Académie des Inscriptions et Belles-Lettres, les 11 et 16 avril 1862. (*Moniteur* du 21 mai 1862, extrait in-12.)

76. Examen de l'écrit intitulé *La Chirobaliste de Héron d'Alexandrie, traduite du grec, etc., etc.* (Paris, Mallet-Bachelier, août 1862.)

77. Observations relatives à la Note de M. le vicomte Emm. de Rougé sur le Calendrier et les Dates égyptiennes. (Revue archéologique, décembre 1864.)

78. Note sur un Papyrus astronomique cité par M. Letronne, lue à l'Académie des Inscriptions et Belles-Lettres le 30 décembre 1864. (Revue archéologique, février 1865.)

79. Recherches sur l'Année égyptienne, Mémoire lu à l'Académie des Inscriptions et Belles-Lettres en juin 1865. (Revue de l'Orient, de l'Algérie et des colonies, numéro de juillet-septembre 1865.)

80. Héron d'Alexandrie. — La Chirobaliste; restitution et traduction, 1866, in-8°.

81. Recherches sur le Calendrier des Lagides, notamment sur la date de la pierre de Rosette et sur celle du décret de Canope. (Extrait *modifié* des Comptes rendus de l'Académie des Inscriptions et Belles-Lettres, année 1867.)

81 *bis*. Complément (1867).

82. Projet de Règlement pour la publication des Mémoires de l'Académie des Inscriptions et Belles-Lettres. (Décembre 1867.)

83. Mémoire sur le Calendrier des Lagides, à l'occasion de la découverte du décret de Canope, lu à l'Académie des Inscriptions et Belles-Lettres dans les séances du mois de mars 1867 et suivantes. (Revue archéologique, janvier 1868.)

Admis dans le volume actuellement en préparation des Mémoires de l'Académie des Inscriptions et Belles-Lettres. M. Vincent a revu lui-même les dernières épreuves.

IV

HISTOIRE DU NORD DE LA FRANCE

84. Dissertation sur la position géographique du Vicus Helena (Mémoires de la Société des Sciences de Lille, année 1840.)

85. Discours prononcé à Hesdin pour l'inauguration du buste de l'abbé Prévost, en 1853. (Athenæum français, novembre 1853.)

86. Fondation d'Hesdinfert. Conseils politiques adressés à la princesse Marie, etc. Publié, avec une Introduction, dans les Mémoires de la Société des Antiquaires de la Morinie (tome X 1857).

87. Lettre (de M. Fr. Morand) sur le Nom et l'Inscription de l'ancienne cloche du beffroi de Boulogne-sur-Mer, et Observations (de M. Vincent) sur cette lettre. (Revue archéologique, t. XV, mai 1859.)

V

TRAVAUX DIVERS

88. Une quarantaine d'articles de Critique littéraire et scientifique, de Bibliographie et de Biographie (insérés dans le Bulletin de Férussac, *le Lycée,* les divers journaux d'Instruction publique, les nouvelles Annales de Mathématiques, etc.)

89. Diverses Notices ou Articles insérés dans la Revue des Sociétés savantes.

90. Notes sur le Calendrier, sur la Métrique et sur la Musique des Grecs ajoutées en *excursus* à l'édition de Pléthon donnée par M. C. Alexandre, 1858.

VI

TRAVAUX INÉDITS

91. Traduction, sur des textes collationnés d'après les Manuscrits conservés à la Bibliothèque impériale, des auteurs grecs désignés ci-après, qui ont écrit touchant les sciences militaires, notamment la poliorcétique et la balistique :

Héron d'Alexandrie (Bélopée) ;

Athénée le mécanicien (Machines de jet) ;

Apollodore (Poliorcétique) ;

Philon d'Athènes (Balistique et Poliorcétique) ;

Biton (Balistique).

Cet important travail est le complément naturel de la Collection de Traités grecs sur la Poliorcétique publiée en 1868, à l'Imprimerie impériale, par les soins de M. Carle Wescher. Il a été entrepris et poursuivi jusqu'à son entier achèvement sur la demande de l'Empereur, et déposé entre les mains de Sa Majesté qui a daigné en accepter l'hommage.

A cet ensemble se rattache la traduction et la restitution de la Chirobaliste, autre traité de Héron d'Alexandrie, travail publié par M. Vincent en 1866. (Ci-dessus, n° 80.)

Février 1869.

184 — Paris. — Imp. H. Carion, rue Bonaparte, 64.

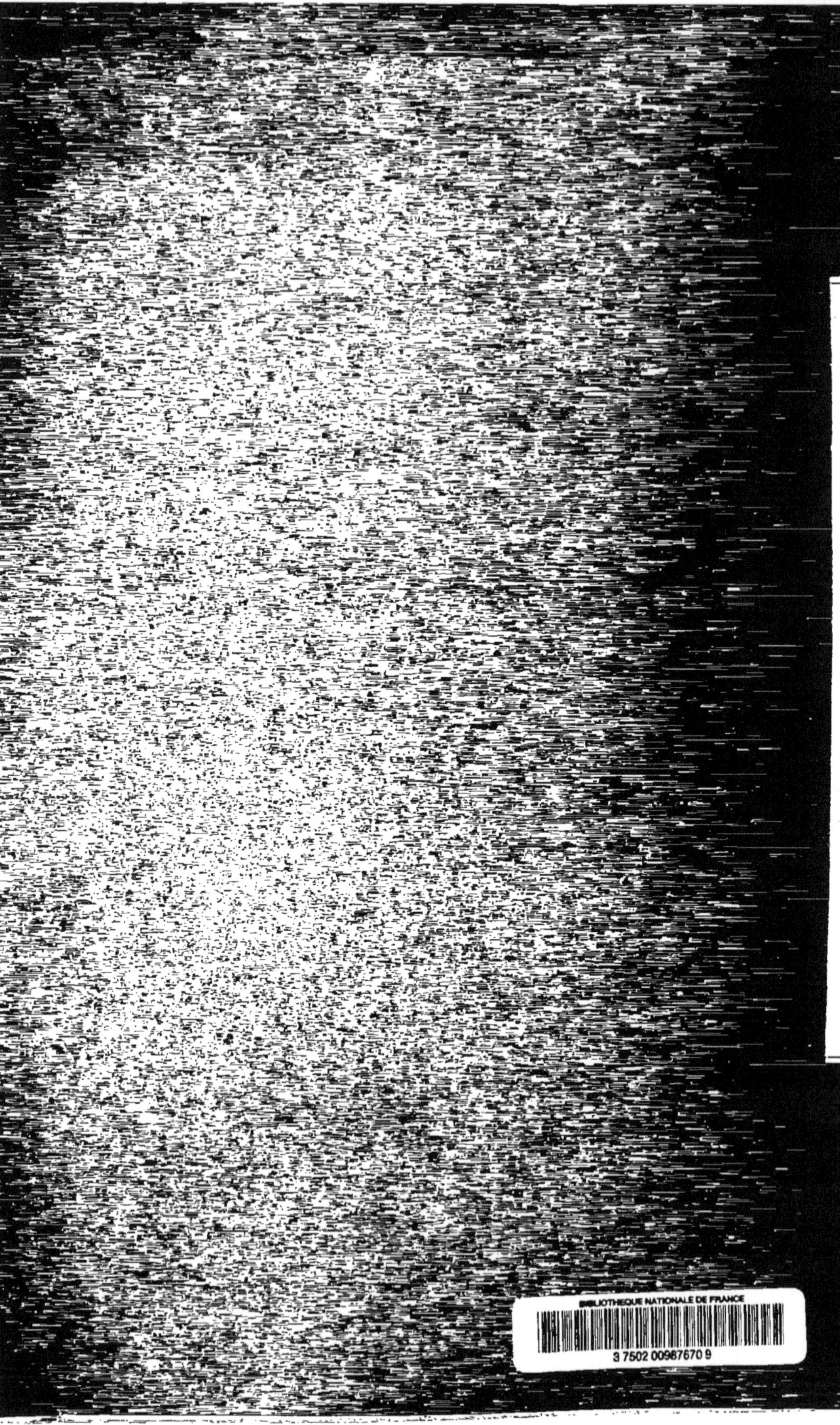

www.ingramcontent.com/pod-product-compliance
Ingram Content Group UK Ltd.
Pitfield, Milton Keynes, MK11 3LW, UK
UKHW012311240726
13966UKWH00005B/1810